essentials

essentials liefern aktuelles Wissen in konzentrierter Form. Die Essenz dessen, worauf es als „State-of-the-Art" in der gegenwärtigen Fachdiskussion oder in der Praxis ankommt. essentials informieren schnell, unkompliziert und verständlich

- als Einführung in ein aktuelles Thema aus Ihrem Fachgebiet
- als Einstieg in ein für Sie noch unbekanntes Themenfeld
- als Einblick, um zum Thema mitreden zu können

Die Bücher in elektronischer und gedruckter Form bringen das Expertenwissen von Springer-Fachautoren kompakt zur Darstellung. Sie sind besonders für die Nutzung als eBook auf Tablet-PCs, eBook-Readern und Smartphones geeignet. essentials: Wissensbausteine aus den Wirtschafts, Sozial- und Geisteswissenschaften, aus Technik und Naturwissenschaften sowie aus Medizin, Psychologie und Gesundheitsberufen. Von renommierten Autoren aller Springer-Verlagsmarken.

Thomas Habscheid-Führer
Christian J. Grothaus

Über den Zusammenhang von Unternehmenskultur und Architektur

Denkanstöße für Architekten, Manager und Bauherren

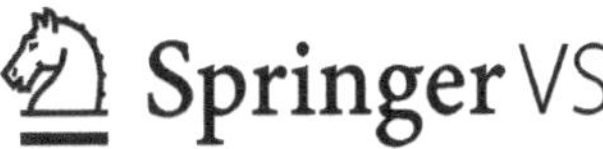

Thomas Habscheid-Führer
Aachen, Deutschland

Christian J. Grothaus
Berlin, Deutschland

ISSN 2197-6708 ISSN 2197-6716 (electronic)
essentials
ISBN 978-3-658-13348-1 ISBN 978-3-658-13349-8 (eBook)
DOI 10.1007/978-3-658-13349-8

Die Deutsche Nationalbibliothek verzeichnet diese Publikation in der Deutschen Nationalbibliografie; detaillierte bibliografische Daten sind im Internet über http://dnb.d-nb.de abrufbar.

Springer VS
© Springer Fachmedien Wiesbaden 2016

Gedruckt auf säurefreiem und chlorfrei gebleichtem Papier

Springer VS ist Teil von Springer Nature
Die eingetragene Gesellschaft ist Springer Fachmedien Wiesbaden GmbH

Was Sie in diesem Essential finden können

- Eine kleine Reise durch die Ideen der Architekturgeschichte, die hinter der klassischen Moderne, der Postmoderne und dem architektonischen Strukturalismus stecken.
- Ein Zusammenführen von Soziologie, Architektur und Organisationstheorie mit dem Ziel, die Prämissen von Gebäuden zu erläutern, die Wissen vermehren.
- Ein Plädoyer dafür, im Gebäude eine „situative Identität" zu stiften, denn diese schärft den Sinn der Belegschaft dafür, wer man (bereits) ist.
- „Corporate Architecture" nur dann als identitätsbildendend ernst zu nehmen, wenn diese tatsächlich als Fels in der Brandung, als Platzhalter und Orientierungsmarke wirkt.
- Die Gebäude-Performanz als situatives Netz einer Wissens-Architektur zu sehen, in der Resonanzen und Relationen passieren.

Autoren

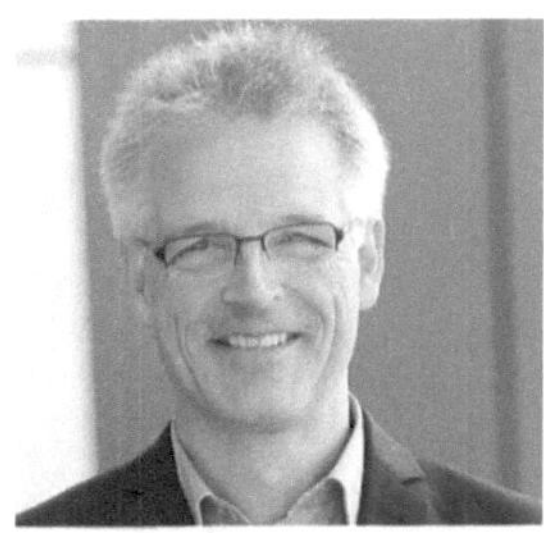

Thomas Habscheid-Führer, Architekt BDA
Partner und Prokurist, Carpus+Partner AG, Forckenbeckstraße 61
52074 Aachen, Tel.: +49 (241) 88 75-0
E-Mail: thomas.habscheid-fuehrer@carpus.de, Internet: http://www.carpus.de

Christian J. Grothaus, Dr. phil.
Architekt, Autor und Berater, logeion.net, E-Mail: info@logeion.net
Internet: http://www.logeion.net

Inhaltsverzeichnis

Einleitung 1

Es war im Frühsommer 1923, als Ludwig Mies van der Rohe (1886–1969) die *Arbeitsthesen* niederschrieb. In seiner nüchternen Art lehnt er darin zunächst jede Doktrin und jeden Formalismus ab. Baukunst erscheint ihm als „[...] raumgefasster Zeitwille. Lebendig. Wechselnd. Neu." (Mies van der Rohe 1923, S. 70). Zu einem dementsprechenden Bürohaus gehören klare, übersichtliche, helle und weite Arbeitsräume. Aus Eisen, Beton und Glas soll der Organismus eines Betriebes wachsen und es erscheinen dem Architekten dabei „Haut- und Knochenbauten" (Mies van der Rohe 1923, S. 70) als angemessene Mittel. Sicherlich steht solches Denken unter dem Einfluss der „Chicago School of Architecture" des späten 19. Jahrhunderts. Die Anfänge der Verarbeitung industriell gefertigter und genormter Bauteile lassen sich in den USA bereits um 1830 ausmachen. Günstige Stahlnägel fügten genormte Holzleisten mit kurzen Montagezeiten. Alle Gebäudeöffnungen ergaben sich aus den Leistenlängen, was wiederum die Vorfertigung von Fenstern und Türen möglich machte. Ohne großes Spezialwissen konnte also jedermann in relativ kurzer Zeit sein Haus bauen. Nach dem großen Chicagoer Brand im Jahre 1871 ersetzte man Holz durch Stahl und fortan war es möglich, die Gebäude in die Höhe zu treiben. „Lift, Telefon und Rohrpost ermöglichten den Betrieb von Hotels, Kaufhäusern und Bürogebäuden in jeder beliebigen Größe und mit jeder beliebigen Anzahl von Stockwerken. So entsteht in Chicago der erste Wolkenkratzer." (Benevolo 1978, S. 274)

Ein Planen im Modus des Schachbretts gerät in dieser Bauform in die dritte Dimension und es gelingt die Entkoppelung von tradierten, europäischen Architekturprogrammen. Nicht, dass das Denken in mathematischen Maßstäben neu

© Springer Fachmedien Wiesbaden 2016
T. Habscheid-Führer, C.J. Grothaus, *Über den Zusammenhang von Unternehmenskultur und Architektur,* essentials, DOI 10.1007/978-3-658-13349-8_1

ware – es ist die Orientierung auf industrielle Rationalität und der Ausschließlichkeitsanspruch des angelsächsischen „Homo oeconomicus", die sich nun baulich und planerisch vollends durchsetzen können. Die Geburtsstunde der amerikanischen Avantgarde war also – ganz ähnlich zu der europäischen – eng mit der Vorstellung verbunden, dass Technik, Logik, Effizienz, Modularisierung und Addition die Garanten für Fortschritt und die Lösung der sozialen Frage darstellen. Der Stahl verkörpert diese Ansätze, denn es handelt sich um einen vergleichsweise traditionsarmen Baustoff. Zu einem Traggerüst gefügt, macht das Stahlskelett bislang ungeahnte Höhen und zugehörig vermiet- bzw. verkaufbare Flächen möglich. An die Stelle von Bedeutung tritt das Raster und es lässt sich die Verbindung zwischen Form und Inhalt eines Gebäudes trennen. Die Eigenschaften des Materials spielen keine Rolle, so wird das Schwere und Lastende nicht mehr entsprechend dargestellt, sondern erscheint im Gegenteil als leicht und luftig. Eingehängte Fassaden und flexible Raumprogramme passen sich wandelnden Nutzungen an und läuten eine Architektur ein, die nicht mehr überdauern will, sondern vergeht. Theoreme wie Offenheit, fließende Übergänge und Transparenz verdeutlichen diese Prozesse der Verzeitlichung des Baues.

Die o. g. Formulierung „Haut- und Knochenbauten" war in der deutschen Moderne durchaus gebräuchlich und dokumentiert ein Weiterdenken des klassischen Stahlskeletts. So lenkte Mies van der Rohe seinen Fokus auch auf die Umhüllung eines Gebäudes und fand hierzu Anregung u. a. im Text *Der Raum als Membran*. Dessen Autor Siegfried Ebeling (1894–1963) geht 1926 davon aus, dass das Haus einer Ursituation gleicht. Ein Bauwerk erscheint ihm als Naturwahrheit und es lassen sich gültige Gesetze aus ihm ableiten. Jeder Bau besteht aus Zellen, die durch Membrane voneinander getrennt sind und starr oder lose auf der Erde lagern. Die Übergänge im Inneren oder von innen nach außen gleichen dabei in ihren Funktionen denen der Haut. Ebeling formuliert ein „Prinzip Rinde" und damit nicht nur die Programmatik einer Art Bio-Architektur, sondern auch die der neutralen Räume und Hüllen: „Diese Architektur verzichtete auf die traditionelle Zeichenfunktion und reduzierte sich auf die Umhüllung eines Behälters, der lediglich die „physiologischen Vorbedingungen" erfüllte und nur einen leeren, „negativen Raum" – sozusagen den „Raum ohne Eigenschaften" – zur Verfügung stellte." (Neumeyer 1986, S. 225)

Für Mies war freilich auch die Teilhabe an einer elementaren Wahrheit bedeutend. Die Verwurzelung in platonischen Denkmustern führte ihn dazu, in der Einfachheit der architektonischen Konstruktion die Entsprechung eines ideellen Prinzips anzunehmen, das die Welt bestimmt. Die Festigkeit dieser Überzeugung ging nahtlos in eine nächste über, wonach das Leben selbst formbildende Kräfte hat. Im Aufsatz *Über die Form in der Architektur* von 1927 erteilt er deshalb jedem Formalismus eine deutliche Absage und stellt klar, dass weder etwas Gewesenes noch etwas Zukünftiges zum Maß für Architektur werden kann, sondern nur etwas Gegenwärtiges, das sich prozessual zeigt: „Wir werten nicht das Resultat, sondern den Ansatz des Gestaltungsprozesses. Gerade dieser zeigt, ob vom Leben her die Form gefunden wurde oder um ihrer selbst willen. Deshalb ist mir der Gestaltungsprozess so wesentlich. Das Leben ist das Entscheidende. In seiner ganzen Fülle, in seinen geistigen und realen Bindungen." (Mies van der Rohe 1927, S. 318) Der Aachener umreißt also bereits vor rund 100 Jahren ein metaphysisch aufgeladenes und performativ orientiertes Architekturverständnis und erweitert damit deutlich das Bedeutungsspektrum der Skelettbauweise einer „Chicago School of Architecture". Freilich tut er dieses, ohne die industriellen und rationalen Prämissen modernen Bauens infrage zu stellen.

Sind also zu Beginn der Moderne und am Beispiel van der Rohes Idealität, Wandelbarkeit und Wirtschaftlichkeit ausbalanciert, fallen diese Themen nach dem Zweiten Weltkrieg wieder auseinander. Der o. g. Modus des „Homo Oeconomicus" brach sich im Bauwirtschaftsfunktionalismus mit aller Macht die Bahn und die industriell gefertigten Bauteile bzw. Module repräsentierten genau den Formalismus, von dem Mies gewarnt hatte. Die Postmoderne wiederum versuchte, dieser Enge mit der eklektizistisch anmutenden sog. Resematisierung zu entkommen und fand dabei allerdings keine lebendig, gegenwartsbezogene Gebäudesprache. In jüngster Zeit lassen sich Versuche ausmachen, Wirtschaftlichkeit, Ethik und Wandelbarkeit (im Sinne von Performativität) als Gebäude-Performanz wieder zusammenzudenken. Freilich geht der idealistische Gehalt nicht mehr von einem universell gültigen Wahrheitsbegriff aus, sondern versucht an die Stelle der Idee oder des Geistes ein menschengemachtes Gefüge zu setzen. Dieses stellt sich als situatives Netz da, in dem Resonanzen und Relationen passieren. Eine Art interaktiv-kommunikative Gegenwärtigkeit lässt sich darin als Bestimmtheit identifizieren und stiftet Sinn wie Identität gleichermaßen.

Genau diese Linie wird im folgenden Essay skizziert. Das „Core and Shell-Prinzip" markiert nicht ihr Ende, sondern nur einen weiteren Punkt, denn das Denken in Core (Kern) und Shell (Schale) definiert zwar im grundsätzlichsten Sinne ein Gebäude und mag begrifflich an die „Haut- und Knochenbauten" erinnern – es bleibt jedoch im Modus des gegenwärtigen Bauwirtschaftsfunktionalismus stecken, der unter dem Begriff „Investorenarchitektur" bekannt ist. „Core and Shell" ist also nicht das Non plus ultra, sondern beschreibt ein Stück des Weges zu einer Gebäude-Performanz, die in den folgenden Abschnitten entfaltet wird.

Die Zeit der Wissensarbeit

2

In unserem Kulturkreis macht die Arbeit einen großen Anteil der Lebenszeit aus. Das war schon immer so, denn es wird mit diesem Begriff eine der elementarsten Tätigkeiten charakterisiert. Das deutsche Wort Arbeit kommt vom lateinischen „arvum, arva" und meint „gepflügter Acker". Im weiteren Lauf der Geschichte überträgt sich das Tun des Europäers von der Beherrschung der Naturkräfte: „auf die Produktion und Verteilung der aus der Materie hervorgegangenen Güter." (Ritter 1971, S. 481) Im frühen Mittelalter zeigt sich eine Entwicklung, die für unseren Gedankengang bedeutsam ist. Die Rede ist von den „Laboratores", dem produktiv arbeitenden Volk, das mit Werkzeug und nicht mehr den bloßen Händen etwas Neues hervorbringt. Zwar stehen die Redner (Klerus, Oratores, Lehrstand) mit den Kriegern (Adel, Bellatores, Wehrstand) an höchster Stelle, aber spätestens mit dem Aufblühen der Städte kommt den Bürgern (vormals Bauern) und Handwerkern (Laboratores, Nährstand) eine gewichtige Bedeutung bei. Sind sie es doch, die mit der „Erfahrung der Kausalität im Inneren des Universums [...] einen Ansatz zum Verständnis der Strukturen der natürlichen Kausalität" (Ritter 1971, S. 481) gewinnen. Dieses Credo einer sich entfaltenden Wissenschaftlichkeit, die sich in Technologie niederschlagen kann, befähigt den Europäer, auf die Welt einzuwirken, sie zu nutzen und letztlich auch, eine eigene Kunst-Welt zu kreieren und in die Distanz zum natürlich Vorgefundenen zu gehen. Es sei an dieser Stelle die Kehrseite einer solchen Entwicklung angemerkt und erwähnt, dass hier ebenfalls das Potenzial für eine entfremdete Lebensweise liegt.

© Springer Fachmedien Wiesbaden 2016
T. Habscheid-Führer, C.J. Grothaus, *Über den Zusammenhang von Unternehmenskultur und Architektur*, essentials, DOI 10.1007/978-3-658-13349-8_2

Die „Laboratores" sind mittlerweile zu „Wissensarbeitern" geworden, die freilich mit anderen Werkzeugen ausgestattet sind und sich weniger in materiellen Gütern bewegen, als vielmehr im visuell-virtuellen Raum eines imaginären Bestands. Hier hat die Fähigkeit zur Kunst-Welt eine ort- und zeitlose Struktur geschaffen, die auch Auswirkungen auf die Arbeitsformen hat: „Mit der Zunahme von Wissensarbeit und der Bedeutung von Komplexinteraktionen verändern sich auch die Arbeitsplätze. Gearbeitet wird an immer verschiedeneren Orten, in einem zunehmend erweiterten zeitlichen Rahmen und in immer flexibleren und sich dynamisch wandelnden Strukturen." (Bauer und Kern 2010, S. 18) Die „Wissensarbeiter" sind individuell und unabhängig, treffen selbstständig Entscheidungen, kommunizieren in einem hohen Grade und wirken meist synchron in unterschiedlichen Kontexten. Intellektuelle, kreative und sozialen Fähigkeiten geraten in den gleichen Rang, wie die fachlichen. Bemerkenswert sind die nachwachsenden sog. „digital Natives", denn die digitale „Eingeborenengeneration" (Generation Y) hat eine schwächere Bindung an jeweilige Arbeitgeber, ist stärker erlebnisorientiert und legt hohen Wert auf Flexibilität. Solche Mitarbeiter zu binden, ist eine Herausforderung. Die Unternehmenskulturen müssen sich darauf einstellen, innovative Milieus bereitzuhalten, ein hohes Maß an Selbstbestimmung und -organisationen zu gewähren und weite Handlungsspielräume möglich zu machen. Die individuelle Förderung fachlicher und sozialer Fähigkeiten hilft den „Wissensarbeitern" und den Unternehmen gleichzeitig, die virtuellen Güter angemessen zu bearbeiten. Allerdings kann das Arbeitsfeld sich nicht nur auf das Subjekt beziehen, sondern muss die Subjekte und deren Interaktion in den Blick nehmen.

Wilhelm Schmid entfaltet in seinem Buch *Philosophie der Lebenskunst* einen Gedankengang, der dieses Problem beleuchtet und einen Ausblick auf die „Wissensarbeiter" möglich macht; so wählen diese ihre Formen – derer es sehr viele gibt – und entscheiden selbst über die Komposition ihrer Leben: „In Lebensformen kann man wohnen, in Lebensstilen hält man sich zeitweilig auf; letztere scheinen dem modernen und insbesondere dem postmodernen Subjekt, das seine Lebensführung nicht mehr an dauerhaften Wahrheiten orientieren kann, eher zu entsprechen." (Schmid 1998, S. 126) Schmid betrachtet auch eine Ebene darunter und beschäftigt sich mit der Identität des westlich-modernen Einzelnen. Dieser sei in einer internen Kohärenz gefügt, die sein – nun multiples – Selbst birgt. Gleichzeitig bindet ihn eine externe Kohärenz mit den jeweils anderen Subjekten und auch der Umwelt zusammen. Keine Tradition und keine Übereinkunft, sondern die Wahl beschreibt den Modus einer Beziehung zum Anderen: „Im Übrigen beruhen alle Beziehungen, für die grundsätzlich die Möglichkeit der Abwahl besteht, auf einer frei gewählten und selbst verantworteten Verbindlichkeit, die zum festen Bestandteil der Kohärenz des Selbst wird." (Schmid 1998, S. 260–261) In

Bezug auf die Verbindung von Selbst, Kohärenz und Ort deckt Schmid die Wurzeln dessen auf, was Haus bedeutet, das im griechischen „Oikos" meint. Zunächst fällt die Verbindung von „Oikos" und Ökologie ins Auge und auch, dass die Nachhaltigkeit in den ureigensten Modus des menschlichen Daseins auf diesem Planeten eingeschrieben zu sein scheint, nämlich in das Wohnen. Bedeutsam für die Beziehungen der modernen „Wissensarbeiter" ist daher, dass der Einzelne seine Agilität in Raum und Zeit stets auf einen Ort bezieht „[…] von dem das Selbst ausgeht und zu dem es zurückgekehrt" (Schmid 1998, S. 435) Auch Martin Heidegger (1889–1976) entfaltet trefflich die Verbindung von Bauen, Wohnen und Denken (Heidegger, M. 1951). Er adressiert den Ort an das Ding – auch Bauwerk –, das wiederum identisch mit der Versammlungsstätte ist und den Menschen in einem vierfältigen Gefüge zum wesensgerechten Raum kommen lässt. In diesem Gefüge hat der Mensch Welt und letztlich auch Identität bzw. Kohärenz.

Hartmut Rosa verortet die Veränderungen der westlichen (Wissens-)Gesellschaften primär in der Herrschaft von Zeit über Raum und stellt in diesem Zusammenhang den Begriff der Beschleunigung. Das gleichzeitige Gewahrwerden verschiedenster Sachverhalte und Zustände – sprich Simultanität bzw. Vergleichzeitigung – wird vor allem über moderne Medien erlebbar und zeichnet dafür verantwortlich, dass Ereignisse oft nur noch dekontextualisiert wahrgenommen werden und lediglich als raumlose sog. Einbettungen wirken. Hiermit im Zusammenhang ist eine grundsätzliche Verschiebung gesellschaftlicher Koordinaten, so waren Sesshaftigkeit, Konstanz, Verlässlichkeit in unserem Kulturraum stets positiv belegt und das Unstete, Nomadische, Kosmopolitische galt als negativ. Der moderne Kampf der Zeit gegen den Raum hat zwar nicht die Polarität aufgelöst, jedoch die Bewertungen diametral verschoben. So gilt heutzutage als erstrebenswert, Rhythmen und Zyklen zum Verschwinden zu bringen, die Welt als austauschbare Bildsammlung wahrzunehmen, vergänglichen Moden nachzueifern oder Familie und Heimat durch lockere und jederzeit aufkündigbare Konstellationen zu ersetzen. Diese Sachverhalte wurden als Charakteristika der o g. „Generation Y" schon mehrfach genannt.

Dem entgegen wirkt allerdings die sog. Rückbettung, in der das Erleben und die eigene Erfahrung an die Stellen vermittelter Inszenierungen treten. Die Rückbettung ist stets mit dem konkreten Raum und Ort verbunden und zeigt, wie deutlich die Identität hierdurch geprägt wird: „Gerade *weil* der Raum für viele Entscheidungen *kontingent* geworden ist, gewinnen regionale oder lokale Differenzen und Identitäten eine neue Bedeutsamkeit, die aber eindeutig eine *Folge* vorgängiger Entbettung ist." (Rosa 2014, S. 342) Auch in der posttraditionalen Gesellschaft stiften Verbindlichkeit und Erwartungsstabilität weiterhin einen Orientierungsrahmen für das subjektive Handeln. Identität und Zeitlichkeit sind eng miteinander verschränkt, denn wer man ist begreift man nur, wenn man weiß, wer man war und wer man sein wird. Diese Richtungen sind in früheren Zeiten freilich von außen und maßgeblich vom Stand in der Gemeinschaft vorgegeben worden. Ethnie, Geschlecht, Herkunft, soziale Schicht oder Glaubenszugehörigkeit strukturierten die Handlungsrahmen und zugehörig entwickelten sich die Identitäten der in diesen Gefügen Heranwachsenden. Identitätsprozesse wurden nicht hinterfragt und genau hier liegt der Unterschied zur Gegenwart bzw. zu der Zäsur, die die Moderne markiert, denn nun steht das Selbst nicht nur vor der Möglichkeit, sondern vor der Aufgabe: „[...] identitätsstiftende Rollen und Beziehungen – den *Beruf*, den *Ehepartner*, die *Religionsgemeinschaft*, die *politische Überzeugung* – selbst zu finden oder zu wählen – und dann die Konsequenzen zu tragen." (Rosa 2014, S. 357)

Eine Nebenwirkung dieser prozessualen Identität ist es, dass der Zwang zur Vorausschau in die Zukunft die notwendige Orientierung an der Vergangenheit behindert oder sogar blockiert. In den Industriegesellschaften des 20. Jahrhunderts wurde dieser Mangel erkannt und korrigiert, indem Institutionen vorhersehbare und planbare Lebensläufe anboten. Auf diese Weise wurde es möglich, die Freiheit der subjektiven Entscheidung weiterhin ausschließlich nach vorn auszurichten und die konstitutiven Rückblicke durch Institutionalisierung (Ausbildung, Karriere, Familie, Altersvorsorge) quasi zu simulieren. Heutzutage jedoch ist auch dieses Rückbindungsangebot aufgelöst und die sicherheitsstiftende Normalbiografie durch vorübergehende, flexible und sequenzielle Ordnungen ersetzt. Der „zeitjongliere Spieler" (Rosa 2014, S. 368) tritt auf den Plan und will situationsabhängig und selbstbestimmt agieren. Er scheint keine Rückbindungen mehr zu brauchen und operiert in Echtzeit. In seiner situativen Logik braucht er also die Simulation der Vergangenheit in Form von Institutionalisierung nicht mehr. Er schafft es, seiner Identität stets aufs Neue zu entwerfen: „[...] Wer man ist, hängt davon ab, mit wem man es gerade zu tun hat [...] Kohärenz und Kontinuität des Selbst werden somit kontextabhängig, flexibel konstruiert, seine Stabilität beruht nicht mehr auf substanziellen Identifikationen." (Rosa 2014, S. 371–372)

Freilich scheint dieses Dasein die folgerichtige Entsprechung dessen, was oben „Entbettung" (Dekontextualisierung) genannt wurde. Wo bleibt das Angebot, über die Kontexte hinweg und nicht in ihnen aufgelöst, Identität dauerhaft zu definieren? Rosa führt hierzu den Begriff der situativen Identität ein. Sie ist mehr als der Modus des Chamäleons, denn Kohärenz und Kontinuität gehen in ihr nicht verloren und verleihen dem Einzelnen auch im wechselnden Konstellationen Orientierung und Handlungsfähigkeit. Die situative Identität erhält und schärft also den Sinn dafür, wer man (bereits) ist: „[...] Jener Sinn wandelt sich in seiner Substanz von Kontext zu Kontext und von Situation zu Situation, aber das in allen Praxiszusammenhängen entscheidungs- und handlungsleitende Identitätsgefühl geht dabei nicht verloren. Denn die Vorstellung einer solchen Identität besagt natürlich nicht, dass *alle* Identitätsmerkmale von Situation zu Situation verändert werden." (Rosa 2014, S. 373) Der Teilhabe an situativer Identität ist die Fähigkeit zu eigen, sich seiner Vergangenheit, Gegenwart und Zukunft über Sprache und Erinnerung zugleich bewusst zu sein. Dem Habitus kommt – ganz im Wortsinn als Gehabe (Vorlieben, Abneigungen, Gesten etc.) verstanden – ebenfalls kontinuitätsstiftendes Potenzial zu; er mag zeigen, dass es leibliche Realitäten gibt, die das Selbst verkörpern. Hier erscheint auch der Stilbegriff als Fähigkeit, auf die mannigfaltigen Wechselfälle des Lebens in einer ganz bestimmten Art und Weise zu reagieren. Als dritten Punkt identifiziert Rosa den Zusammenhang von Objekten und Identitätsbildung und macht deren Qualitäten als Platzhalter deutlich und letztlich verweist er auf ein „angeborenes, prädikatsloses Kernselbst" (Rosa 2014, S. 376), das sich auch in den diffusesten Situationen behauptet.

Bezogen auf die o. g. „Generation Y" und die Unternehmen, deren Personal sich daraus rekrutiert, stellt sich die Frage, mit welchem Identitätstypus man es heutzutage tatsächlich zu tun hat. Finden sich eher die Chamäleonartigen, die „zeitjonglierenden Spieler" oder diejenigen, die in situativen Identitäten kontextstabile bzw. -übergreifende Persönlichkeiten bleiben? In den letzten Jahrzehnten versuchen die globalisierten und damit ortlos gewordenen Unternehmen über eine „Corporate Architecture" den Spagat zwischen Flexibilität und Orientierung. Im Bestreben, zu einer unverwechselbaren Marke zu werden und die Individualität eines Unternehmensganzen, quasi eine Unternehmenssubjektivität, zu verkörpern, vergaßen sie allerdings oft ihre Mitarbeiter. Es scheint, als habe sich erneut die Warnung bewahrheitet, wonach Form nicht in Formalismus umschlagen darf, sondern die spezielle Gestalt aus dem lebendigen Vollzug des Lebens selbst entsteht. Das Leben eines Unternehmens aber ist nichts anderes, als die Art und Weise, wie die Menschen in diesem miteinander arbeiten. Im Definitionsrahmen gedacht, den uns Hartmut Rosa stellt, kann „Corporate Architecture" nur dann ein identitätsbildender Faktor werden, wenn Sie tatsächlich als Fels in der Brandung, als Platzhalter und Orientierungsmarke wirkt. Das geschieht aber nicht von außen nach innen sondern umgedreht von innen nach außen und d. h., dass sich die Mitarbeiter selbst im Unternehmen erkennen und nicht etwa eine Unternehmenshaltung in sich aufnehmen. Es gilt also, eine situative Identität zu stiften und diese schärft den Sinn dafür, wer man (bereits) ist.

In der Einleitung kam Ludwig Mies van der Rohe zu Wort und damit ein typischer Vertreter der Moderne des 20. Jahrhunderts. Die Rückschau auf diese so wirkungsreiche Epoche in der Baugeschichte gerät durchaus ambivalent. Zweifellos gelang die Lösung der sozialen Frage und damit eines Problems, das die meisten Architekten der damaligen Avantgarde beschäftigt hatte. Doch zu welchem Preis? Gebaute Monotonie und eine Uniformität der Tristesse waren die Folgen eines Funktionalismus, der sich vor allem nach dem Zweiten Weltkrieg nur noch als Exekutive der Bauwirtschaft begriff. Gegen den totalitär gewordenen Universalismus der Moderne musste sich Widerstand formieren. Widerstand mit dem Ziel, der Architektur Formenreichtum, Geschichte und Tradition zurückzugeben, diese also zu resemantisieren, wie Heinrich Klotz (1935–1999) es in Anlehnung an Charles Jencks (*1939) Schlüsselschrift zur Postmoderne „Die Sprache der postmodernen Architektur" so trefflich ausdrückte. Im Prozess des Wandels von der Moderne zur Postmoderne spielte der sog. architektonische Strukturalismus eine Rolle. Drei Niederländer gelten als Hauptvertreter dieser Richtung: Aldo van Eyck (1918–1999), Herman Hertzberger (*1932) und N. John Habraken (*1928). Allen gemeinsam ist, dass sie die Bedürfnisse der einzelnen Menschen wieder ernst nehmen und diese nicht als Kollektiv betrachten, das durch einen rationalistischen Planerwillen gesteuert wird. Identität und Individualität sind auch die Themen, die Alt und Neu (wieder) verbinden und einen sensiblen Umgang mit historischen Baubestand möglich machen. Freilich lösen sich die Niederländer nicht ganz von dem Erbe der Moderne, sondern synthetisieren es – sie humanisieren sozusagen die industrielle Produktionsweise. Als Beispiel mag van Eycks Projekt „Städtisches Waisenhaus"

© Springer Fachmedien Wiesbaden 2016   11
T. Habscheid-Führer, C.J. Grothaus, *Über den Zusammenhang von Unternehmenskultur und Architektur*, essentials, DOI 10.1007/978-3-658-13349-8_3

(1957–1960) in Amsterdam dienen. Mittels vorfabrizierter Module wurde aus vielen Einzelelementen eine Struktur aufgebaut und damit das Spannungsfeld von Individualität und Kollektiv aufgegriffen: „So kommt ein sehr freizügiges *Gefüge* zustande, das in seinem Charakter von der Absicht des Zusammensetzen und Differenzierens bestimmt wird. Die einzelnen Elemente treten an die Stelle von umfassenden Großräumen, die eine Einheit von vornherein statuieren, nicht aber das Zustandekommen dieser Einheit veranschaulichen." (Klotz 1985, S. 116–117) Auch Herzberger schrieb sich mit einer Clusterstruktur in den niederländischen Strukturalismus ein. Die Versicherung „Central Beheer" ließ seinerzeit ihr Verwaltungsgebäude von ihm errichten (1968–1972). Bürokuben fügen sich darin in verschiedenen Höhen übereinander und werden über Laufstege verbunden. Die entstehenden Freiräume addieren sich zu Atrien, in denen die Bürozellen teils in der Anmutung von Balkonen sind. Herzberger geht noch einen Schritt weiter und lässt den Nutzern Gestaltungsspielraum bei der Möblierung, Einrichtung und Dekoration ihrer Flächen: „Die Arbeit wird vermenschlicht, die Anonymität verflüchtigt sich, das aus Individualitäten aufgebaute Ganze wird sowohl räumlicharchitektonisch als auch sozial erfahrbar. Die Architektur hat eine unmittelbare ethische Qualität, sie lässt durch formale Differenzen soziale Individualisierung zu, indem gleichzeitig das kollektive Ganze sowohl formal als auch sozial veranschaulicht wurde und fühlbar bleibt." (Klotz 1985, S. 117–118)

N. John Habraken beschäftigt sich in seinem Schlüsseltext *Die Träger und die Menschen* vor allem mit dem Massen-Wohnungsbau. Er sieht die Dominanz der industriellen Planungsverfahren als großen Mangel und konstatiert eine weitgehende Entfremdung zwischen Bewohnern und Planern. An die Stelle der untereinander isolierten Bauabläufe müsse vielmehr wieder ein vitales Beziehungsgeflecht treten, in dessen Prozessen sich Planungsabstraktionen mit der unbestimmbaren Bandbreite menschlichen Lebens vereinen lassen. Das Bauen sollte sich als Kultur und gemeinsame Handlung darstellen. Gegen die durchrationalisierte Wohn-Stadt bringt er die natürlichen Relationen in Stellung, die sich facetten- und variantenreich geben und der Gemeinschaft keine Zwänge mehr auferlegen. Zu deren Umsetzung schlägt Habraken vor, jede Wohnung zu verselbstständigen. Möglich soll das werden, indem eine autonome Konstruktion (Träger) die Wohnungen aufnimmt und auf diese Weise auch übereinander stapelbar macht. Die Träger sollen allerdings nicht als übliche Bauskelette gesehen werden, denn sie haben über ihre statischen Funktionen hinaus die Aufgabe, das Unvorhergesehene realisierbar zu machen.

An den niederländischen Beispielen wird deutlich, dass die Versuche der Resemantisierung einer im Bauwirtschaftsfunktionalismus steckengebliebenen Architektur sich nicht nur im Bereitstellen von Kern und Hülle (Core and Shell) erschöpfen können. Vielmehr schwebt über allem der Anspruch, den Geist des

Wandels hervorbringen zu wollen. Jörg Gleiter gibt hier einige Hinweise und macht dabei eine Art Renaissance des Strukturalismus in der Architektur aus; er unterscheidet zunächst ihre linguistische und architektonische Variante. Erstere bezieht sich auf die unsichtbaren Prämissen der kulturellen Praktiken und konstatiert deren Wirkmächtigkeit, während Letztere sich mit den handfesten Strukturen eines Gebäudes befasst. Wenn es also darum geht, die Agilität der jeweiligen Bewohner zu aktivieren, sollte der Architekt sich ebenso mit den unsichtbaren Gesetzen, die dem sichtbaren Bestand Gepräge geben, auseinandersetzen. Gleiter bemüht an dieser Stelle die Denkmodelle des psychologisch Unbewussten und der Virtualität. An rechnerbasierten Entwurfsprozeduren lässt sich eine verborgene Präfigurierung der zu bauenden Architektur festmachen, denn diese entsteht nach Gesetzen und Regeln, die Programmen entspringen: „Die Algorithmen, die die Architektur informieren, bleiben unsichtbar." (Gleiter 2010, S. 11) Wiederholt wird darauf hingewiesen, dass ein pragmatisch-baulicher Definitionsrahmen allein nicht zielführend ist: „Die Fokussierung auf Primär- und Sekundärform [Bauhaupt- und Baunebengewerbe, CJG] unterdrücken den Zeichen- und Sprachcharakter zugunsten einer hierarchischen Idee von Konstruktion und damit zugunsten der Kontrolle architektonischer Komplexität. Das widerspricht dem Strukturbegriff und seiner dualen Ordnung." (Gleiter 2010, S. 15) Strukturalistische Architektur im erweiterten Sinne zielt also darauf ab, nicht nur eine, sondern zwei (duale) Ordnungen synchron zur Wirkung zu bringen.

In der Ambivalenz von linguistischem und architektonischem Strukturalismus spiegelt sich der Widerstreit zwischen Theorie und Praxis. So gibt es die Gefahr, abstrakte, logische, Denkmodelle unkritisch zur Grundlage von Entwurfsarbeit zu machen. „Die Sehnsucht nach einem einfachen, alles erklärenden Prinzip ist zwar nachvollziehbar, führt aber zu einer Abstraktion, die genau das ignoriert, was die Realität von der Idee unterscheidet. Die Projektion eines vereinfachten Modells auf unsere Umwelt macht diese zwar greifbar, führt aber auch zum Ausschluss von Möglichkeiten." (Warmburg und Leopold 2012, S. 162) Es ist somit ein tatsächlicher Paradigmenwechsel, die Architektur aus den Handlungen der Nutzer in der jeweiligen Umwelt zu entfalten. Genau das ist es aber, was Gebäude-Performanz meint. Keinen vorgeplante Zwang mehr für die Bewohner, dieses oder jenes zu tun, diese oder jene Wege zu gehen, diese oder jene Funktion zu wiederholen. Stattdessen soll das Gebäude selbst als wissensfördernde Strukturen ‚agieren'. Ähnlich zu den Modi der modernen „Wissensarbeiter" (s.o.) wirkt eine diesbezügliche Architektur in Beziehungen, Kontexten und Kohärenzen und nicht in Unveränderlichkeiten, Formalismus und Hierarchie. Sie soll Komplexität nicht lediglich ordnen oder darstellen – etwa im virtuellen Modell eines Rhizoms –, sondern sie ermöglichen und mit Prozessen der Identitätsbildung bzw. -wahrung vereinen.

Heike Delitz befasst sich mit diesem Aspekt und unternimmt Fallstudien einer Architektur als „Medium des Sozialen" (Delitz 2009, S. 90). In der Vorrede stellt sie die Idee nicht höher als die Realität, versucht, aus der metaphysischen Konditionierung der europäischen Denkweise auszubrechen, die Körperlichkeit ernst zu nehmen und scheut sich nicht vor der – mit Henri Bergson (1859–1941) entfalteten – Irrationalität eines vitalistischen Agierens: „Soziale Wirklichkeit ist unvorhersehbar, irreversibel, ereignishaft." (Delitz 2009, S. 91) Architektur als ein Medium beeinflusst das soziale Umfeld aktiv. Sie ist nicht bloßer Spiegel des Handelns, sondern bringt dieses mit hervor. Dem Gebauten kommt die Aufgabe zu, eine Differenz in die jeweilige Bewohnerschaft (Belegschaft) einzuschreiben. An dieser Stelle bewegt sich Delitz eng an strukturalistischem Denken, betont dessen duales Prinzip, das sich im Imaginären wie Symbolischen zeigt und gleichzeitig das Reale mitbestimmt. Entscheidend ist hierbei, dass die materielle Ebene des Bauwerks als konkrete, physische Grundlage wirkt, die der Bewohnerschaft die Ausbildung von Identität ermöglicht: „Die Architektur ist diese Gestalt der Gesellschaft. Zwar sind auch alle anderen Medien an der Herstellung der Gesellschaft beteiligt; aber der Architektur [...] kommt dabei doch eine besondere Funktion zu: Sie separiert die Aktivitäten, weist ihnen einen Ort zu; schafft eine dauerhafte Sichtbarkeit." (Delitz 2009, S. 93) Die Medialität eines Gebäudes ließe sich demnach auch als Gebäude-Performanz beschreiben und als Wandel-Prinzip identifizieren, das in einem Kohärenz- und Interaktionsfeld die Nutzer mit der jeweiligen Architektur verbindet und Identität stiftet. Dabei agiert das Gebaute, indem das Symbolische, Verborgene, Unsichtbare virulent bleibt und auf die Bewohnerschaft einwirkt. Die Gebäude-Performanz geht aber in zwei Richtungen, denn sie ist aus einem kulturellen Subtext entstanden und beeinflusst permanent wie interaktiv, quasi dialogisch, einen weiteren mit dessen jeweiligen Nutzern. Sie stellt ein Gefüge bereit, in dem die Bewohnerschaft sich stets neu entwerfen kann, ohne jedoch in den Modus des Chamäleonhaften zu fallen. An dieser Stelle lehnt sich Delitz auch an den Strukturalismus an und verdeutlicht wie zuvor Gleiter (s.o.), dass Architektur kein reiner Text ist, sondern in einer speziellen Art und Weise spricht. Die Anleihen bei der Linguistik erscheinen nur teilweise sinnvoll, denn Bauwerke sind Medien, die zumeist unbewusst wahrgenommen werden und sehr stark von Materialität leben. Sie überschreiten die Grenze zur Sinnlichkeit, denn sie lassen sich im eigentlichen Wortsinn be-greifen „Architektur wird gesehen, durchschritten, betastet; wir liegen, sitzen, stehen in ihr. Es ist also wesentlich die Dreidimensionalität neben der Visualität: die Taktilität und Kinästhetik, mit der die Architektur uns betrifft." (Delitz 2009, S. 87) Als solchermaßen „Dialogpartner" schafft das Bauwerk es, nonverbal aber dennoch wirkungsvoll, ein identitätsstiftender Faktor zu werden.

Nachdem die Talsohle des Nachkriegs-Bauwirtschaftsfunktionalismus durchschritten war, scheint es, dass die Architekten versuchten, nicht nur eine reichere Formensprache einzufordern, sondern auch eine geistige Ebene. Der architektonische Strukturalismus zeigt in seiner geschichtlichen Dimension also das wiedergefundene Verständnis für eine ideelle Ebene des Bauens und kombiniert es mit der Möglichkeit zur Aneignung durch die Bewohnerschaft. Deshalb nimmt es nicht wunder, dass er in jüngster Zeit eine Renaissance erfährt. Für die Gebäude-Performanz kann strukturalistisches Denken dabei helfen, die Bewohner bzw. Belegschaft auf identitätsstiftende Weise mit dem Bauwerk zu verbinden.

Weiter oben wurde anhand der modernen „Wissensarbeit" erläutert, wie Orte bzw. Bauwerke dazu beitragen können, intersubjektive Kohärenz und damit die Wahl von Verbindungen nicht nur möglich zu machen, sondern zu befördern. Der Modus des modernen Einzelnen sollte sich also in der Organisationsstruktur eines Unternehmens und ebenso in dessen Architektur spiegeln. Das Haus (in Sinne des Oikos, s.o.) als Unternehmensort und die Spielregeln für dessen Bewohnerschaft scheinen in einem Prinzip vereint: dem Wandel. Die Analogien zur Natur liegen nah, war diese bereits in den ältesten Texten des Abendlandes mit dem Prinzip der Bewegung verbunden. Im 19. Jh. erlebte diesbezüglich die Evolutionstheorie eine Blüte. Die Stufenfolge von Variation (Wandel), Selektion (Auswahl) und Retention (Überdauern) bestimmt demnach die Charakteristika einer organischen Weiterentwicklung. Fritz B. Simon versucht eine Übertragung auf Unternehmen und stellt fest, dass sich Organisationswandlungen meist in variierten Verhaltensweisen bzw. Kommunikationsmustern zeigen. Formelle Strukturen werden z. B. bei einem Personalwechsel oft durch informelle ergänzt und natürlich haben andere Ziel- und Zweckvorgaben Neuerungen zur Folge. Die Veränderungen geschehen also aus einem „Zusammenspiel der unterschiedlichen, miteinander vernetzten Variablen" (Simon 2009, S. 105) und nicht aufgrund der Wirkung eines einzelnen Entscheidungsträgers. Organisch wachsen kann eine Organisation bzw. ein Unternehmen nach evolutionären Prinzipien nur, wenn Planung und Kontrolle der Leitung sich darauf beschränken, die Ermöglichung des Wandels zu befördern; soll heißen, dass es keine Gewähr dafür gibt, dass eine erwünschte Wirkung eintritt: „Es reicht daher nicht, Entscheidungen zu treffen (Variation). Ihre Umsetzung oder Implementierung

© Springer Fachmedien Wiesbaden 2016
T. Habscheid-Führer, C.J. Grothaus, *Über den Zusammenhang von Unternehmenskultur und Architektur*, essentials, DOI 10.1007/978-3-658-13349-8_4

(Selektion) und die Prüfung ihrer pragmatischen Tauglichkeit für das Überleben mit den relevanten Umwelten (Retention) sind unverzichtbare Bestandteile jeden Veränderungsprozesses, d. h., sie müssen organisiert werden." (Simon 2009, S. 107) Es wird deutlich, dass die o. g. Verhaltensweisen moderner „Wissensarbeiter" höchst geeignet sind für die Prozessschritte Variation und Selektion. Unternehmensführungen sind also bestens beraten – so sie organisches Wachstum wollen – ihren Mitarbeiter Spielraum für Agilität zu gewähren.

Solche Wandlungsfähigkeit bzw. -willigkeit passiert aber nicht nur im Kopf, sondern auch konkret während der körperlichen Bewegung bzw. in direktem Austausch von Angesicht zu Angesicht. Die Räume eines Gebäudes können unterstützen, Kommunikation zu ermöglichen. Steven Johnson schildert hierzu einige Praxis-Beispiele und postuliert dabei das Bild flüssiger Netzwerke. So wurde seinerzeit im Molekularbiologie-Institut der McGill University in Montreal beobachtet, dass ein zwangloses Begegnen den fachlichen Austausch zwischen den Abteilungen quasi nebenbei passieren lässt. Das Gebäude Nr. 20 des Massachusetts Institute of Technology wiederum entfaltete seine Erfolgsgeschichte dadurch, dass es ein wandelbares Provisorium blieb. So konnten ohne großen bürokratischen Aufwand Wände gestellt und wieder abgerissen oder auch Löcher gemacht werden bzw. Büros wie Arbeitsflächen schnell entstehen und vergehen. Die Firma Microsoft eröffnete 2007 ein Gebäude (Nr. 99) in Redmond, dessen Programmatik darauf ausgelegt ist, „[…] unvorhersehbaren Wandel von Zusammenarbeit und Inspiration ständig mitzuverändern." (Johnson 2013, S. 78) Sämtliche Räume und Möblierungen sind wandelbar und an wichtigen Projekten arbeiten die Mitarbeiter in temporär abgetrennten Mischzonen (situation rooms) zusammen, die aus Arbeitsplätzen, Besprechungstischen und Sofas bestehen. Der zwanglose Austausch wird überall im Gebäude gefördert. Es gibt hierzu Gelegenheiten an weiteren Mischzonen (mixer stations), an denen auch gegessen und getrunken werden kann. Überall im Gebäude hat man Gelegenheit, Ideen oder Besprechungsstände aus informeller Kommunikation zu dokumentieren. Bedeutsam ist, dass dieser Konzern nicht dabei stehen bleibt, Kommunikation lediglich zu fördern. Vielmehr wurde beabsichtigt, einen speziellen Geist für alle Mitarbeiter gleichsam erlebbar zu machen, nämlich: „[…] den gemeinsamen Flow aus dynamischen Gedanken, die zusammen ein flüssiges Netzwerk bilden, das sich aus den „mixing spaces" und „situation rooms" speist." (Johnson 2013, S. 78–79)

Hier zeigt sich die Wichtigkeit identitätsbildender Strukturen. Weiter oben wurde ja bereits anhand der Überlegungen Hartmut Rosas darauf hingewiesen, dass die sog. „Generation Y" durchaus kontextübergreifende und zeitstabile Muster aufweist bzw. diese auch fordert. Viele Firmen anerkennen das immer mehr und suchen nach einem speziellen Unternehmensgeist, der die Endlosigkeit und letztlich Austauschbarkeit der Netzmetaphorik eingrenzt. Begriffe wie implizites

Wissen, informelle Kommunikation, gemischte Zonen, Verschränkung von Arbeits- und Freizeit, maximal mögliche Autonomie des Mitarbeiters, Open-Space oder nomadisches Arbeiten beschreiben folglich keinen Selbstzweck; soll heißen, dass ein Gebäude, das diese Prämissen erfüllt, noch lange nicht die Antwort auf eine zeitgemäße Arbeitsumgebung ist. Wissensarbeit lässt sich nicht in Warenform pressen, um dann beliebig präsentiert, konsumiert und umgesetzt zu werden. Es gibt also keine bestellbare Innovation aus dem Bürodesign-Katalog. Hier schließt sich ein weiterer kritischer Gedanke an, denn seit 1990 ist im Zuge der Globalisierung mit zunehmender Tendenz die angelsächsische Dominanz zu konstatieren und es treiben Firmenexpansionen, -käufe bzw. -zusammenschlüsse die Homogenisierung der Arbeitslandschaften voran. Auch hier gilt, dass kommunikationsfördernde Konzepte auf jedes Unternehmen speziell angepasst werden müssen und nicht als Ware im Regal stehen und auf die Abholung warten. Was für Unternehmen in den USA gut ist, muss daher für ein deutsches, schwedisches oder ungarisches noch lange nicht gut sein.

Wird beabsichtigt, ein oder mehrere neue Gebäude zu bauen, kommt der Konzeptfindung bzw. der vorlaufenden Beratung große Bedeutung zu. Neben strategischen Zielen und daraus resultierenden Erfordernissen ist ein wichtiger Ausgangspunkt zu einer identitätsstiftenden und gleichermaßen kommunikativen Architektur die Klarheit über die Art und Weise, zusammenzuarbeiten. Das jeweilige „Unternehmenssubjekt" will gefunden werden. Es ist höchst individuell. Soll ein Gebäude entstehen, das Wissen vermehrt, wirkt es wie ein Medium. Es bindet und transportiert die Arbeit der Einzelnen und macht dabei die Arbeitskraft zuerst möglich. Es wirkt nicht als Fremdkörper, nicht entgegengesetzt, sondern als etwas Eigenes.

Der spezielle Geist zeigt sich zuerst in der Unternehmenskultur. Aus ihren Prozessen bilden sich Strukturen und Methodiken, spricht die Organisationroutinen. Die angestrebten Räume entfalten ihre Möglichkeiten nur, wenn sie die Prozesse und die Organisation entsprechend verkörpern. Die Vielfalt der Unternehmenskulturen bestimmt auch die Vielfalt der Wissensarchitekturen. So verlangt eine hierarchisch geprägte Firma ein anderes Beziehungsmanagement als eine kooperativ angelegte; flach organisierte Projektgruppen agieren definitiv anders, als chaotische Innovationsteams. Generell gilt, nicht auf Biegen und Brechen einen neuen und aufgesetzten Geist einlassen zu wollen, sondern den eigenen zu entfalten. Wünsche, Systemveränderungen und Ideen sollten balanciert und angepasst werden und das Bestehende in einer Art „Versuch und Irrtum-Modus" sich fortentwickeln. Ein interdisziplinäres Beraterteam aus Organisationsentwicklern, Prozessarchitekten und „Change-Managern" kann hier wertvolle Arbeit leisten. Bevor der Bau beginnt, sollten in einer prozessorientierten Methodik möglichst viele Mitarbeiter in die Planung einbezogen werden, damit sie das Projekt mittragen. Ein probates Mittel sind strategische Workshops in denen verschiedenste Arbeitsprozesse in ihren Beziehungen transparent werden. Entsprechend grafisch aufbereitet, entstehen schnell Ablauf- und Vernetzungsmatrizen, die wiederum gute Grundlagen für die weitere Gebäudeplanung abgeben.

Im Anschluss kommen dann in genau definierten Schritten die kommunikationsfördernden Einzelmaßnahmen zum Einsatz. Generell gilt, dass eine Kommunikation von Angesicht zu Angesicht nachhaltiger wirkt, als Telefonate oder schriftlicher Austausch. Es liegt daher nahe, die Bauweise transparent und offen zu halten, damit Begegnung und Austausch entstehen können. Es ist allerdings auch absolut notwendig, Zonen der Ruhe vorzuhalten, die der Konzentration und Kontemplation dienen. Eine freundliche Atmosphäre befördert ebenso die Entstehung neuen Wissens; die Wirkung von Materialien und Farben sind diesbezüglich nicht zu unterschätzen. Grenzüberschreitungen von Arbeits- und Freizeit legen es nah, Erholungszonen (Bibliothek, Kinderbetreuung, Sport, Duschen, Cafés etc.) in die Bürolandschaft zu integrieren, denn Glück und Entspannung werden nicht mehr nach der Arbeit, sondern schon währenddessen gesucht. Anregungen für Vernetzungen innerhalb von Gebäuden bieten auch die abendländischen Städte mit ihren Bewegungsräumen, Plätzen, Achsen, Ein- und Durchblicken. Die urbane Kombination der Lebensthemen Wohnen, Arbeiten, Kommunizieren, Handeln und Erholen sind vorbildhaft für Gebäude, die Wissen vermehren; wohl gemerkt, nicht austauschbares Wissen, sondern spezielles. Jedes Wissensgebäude ist individuell, es ist intelligent und wirkt kultur- wie identitätsstiftend.

Literatur

Bauer, W., & Kern, P. (2010). Wie wir morgen arbeiten werden – Menschen brauchen Zukunft. In K. Kaudelka & G. Klinger (Hrsg.), *Die Arbeitswelt von morgen. Wie wollen wir leben und arbeiten?* (S. 15–33). Bielefeld: transcript.

Benevolo, L. (1978). *Geschichte der Architektur des 19. Und 20. Jahrhunderts* (Bd. 1). München: dtv.

Delitz, H. (2009). *Architektursoziologie.* Bielefeld: transcript.

Gleiter, J. (2010). *Urgeschichte der Moderne.* Bielefeld: transcript.

Heidegger, M. (1951). Bauen Wohnen Denken. In F. W. von Herrmann (Hrsg.). (2000), *Martin Heidegger Gesamtausgabe. Vorträge und Aufsätze* (Bd. 7, S. 145–165). Frankfurt a.M.: Klostermann.

Johnson, S. (2013). *Wo gute Ideen herkommen. Eine kurze Geschichte der Innovation. USA 2010.* Bad Vilbel: Scoventa.

Klotz, H. (1985). *Moderne und Postmoderne. Architektur der Gegenwart 1960–1980.* Braunschweig/Wiesbaden: Vieweg.

Mies van der Rohe, L. (1923). Arbeitsthesen. In U. Conrads (Hrsg.). (1964), *Programme und Manifeste zur Architektur des 20. Jahrhunderts* (S. 70). Berlin/Frankfurt a.M./Wien: Ullstein.

Mies van der Rohe, L. (1927). *Über die Form in der Architektur.* In F. Neumeyer (1986), *Mies van der Rohe. Das kunstlose Wort. Gedanken zur Baukunst* (S. 318). Berlin: Siedler.

Neumeyer, F. (1986). *Mies van der Rohe. Das kunstlose Wort. Gedanken zur Baukunst.* Berlin: Siedler.

Ritter, J. (Hrsg.). (1971). Artikel: Arbeit. In *Historisches Wörterbuch der Philosophie* (Bd. 1, Buchstabe A–C, S. 481–487). Basel/Stuttgart: Schwabe.

Rosa, H. (2014). *Beschleunigung. Die Veränderung der Zeitstrukturen in der Moderne* (10. Aufl.). Suhrkamp: Frankfurt a.M.

Schmid, W. (1998). *Philosophie der Lebenskunst. Eine Grundlegung.* Frankfurt a.M: Suhrkamp.

Simon, F. B. (2009). *Einführung in die systemische Organisationstheorie.* Heidelberg: Carl-Auer.

Warmburg, J. M., & Leopold, C. (Hrsg.). (2012). *Strukturelle Architektur. Zur Aktualität eines Denkens zwischen Technik und Ästhetik.* Bielefeld: transcript.

© Springer Fachmedien Wiesbaden 2016

T. Habscheid-Führer, C.J. Grothaus, *Über den Zusammenhang von Unternehmenskultur und Architektur*, essentials, DOI 10.1007/978-3-658-13349-8

Weiterführende Literatur

Branson, R. (2015). The B-Team. New ways of working. http://bteam.org/resources/new-ways-working-report. Zugegriffen am 26.05.2015.

Collins, J., & Porras, J. I. (2005). *Immer erfolgreich. Die Strategien der Top Unternehmen*. München: dtv.

De Bruyn, G., & Reuter, W. (2011). *Das Wissen der Architektur*. Bielefeld: transcript.

Fitz, A. (2012). *Arbeitende Orte. Bürobauten mit Wert und Mehrwert*. Wien: Springer.

Grothaus, C. J. (2014). *Baukunst als unmögliche Möglichkeit. Plädoyer für eine unbestimmte Architektur*. Bielefeld: transcript.

Gutsche, R. (2013). Survival of the smartest. Welche Unternehmen überleben die digitale Revolution? http://www.kpmg.com/de/de/themen/connected-world/seiten/smart-survival.aspx. Zugegriffen am 26.05.2015.

Habraken, N. J. (1961). *Die Träger und die Menschen*. Den Haag: Arch-Edition.

Hilger, C. (2011). *Vernetzte Räume. Plädoyer für den Spartial Turn in der Architektur*. Bielefeld: transcript.

Klappacher, C. (2006). *Implizites Wissen und Intuition. Warum wir mehr wissen, als wir zu sagen wissen: die Rolle des impliziten Wissens im Erkenntnisprozess*. Saarbrücken: VDM Verl. Dr. Müller.

Königswieser, R., & Hillebrand, M. (2013). *Einführung in die systemische Organisationsberatung*. Heidelberg: Carl-Auer.

Lommel, M. (2011). *Im Wartesaal der Möglichkeiten. Lebensvarianten in der Postmoderne*. Köln: Herbert von Halem Verl.

Löw, M. (2012). *Raumsoziologie* (7. Aufl.). Suhrkamp: Frankfurt a.M.

Lüchinger, A. (1980). *Strukturalismus in Architektur und Städtebau*. Stuttgart: Kramer.

Oswald, A. (2013). *Bürobauten. Handbuch und Planungshilfe*. Berlin: DOM Publishers.

Paumann, L. (2010). *Vom Offenen in der Architektur*. Wien: Passagen.

Rehn, A. (2012). *Gefährliche Ideen. Von der Macht des ungehemmten Denkens*. Frankfurt a.M: Campus.

Schittich, C. (2011). *Im Detail. Arbeitswelten, Raumkonzepte, Nutzungsstrategien, Kommunikation*. München: Edition Detail.

Spath, D. (Hrsg.). (2010). *Green Office. Ökonomische und ökologische Potenziale nachhaltiger Arbeits- und Bürogestaltung*. Wiesbaden: Gabler.

Vogel-Baumgartner, V. (2008). *Kriterien für optimierte Renditeobjekte nach dem „Core and Shell"-Prinzip*. Masterarbeit. Zürich: Center of Urban Real Estate Management. http://www.econbiz.de/archiv1/2010/109040_kriterien_renditeobjekte_prinzip.pdf. Zugegriffen am 25.06.2015.

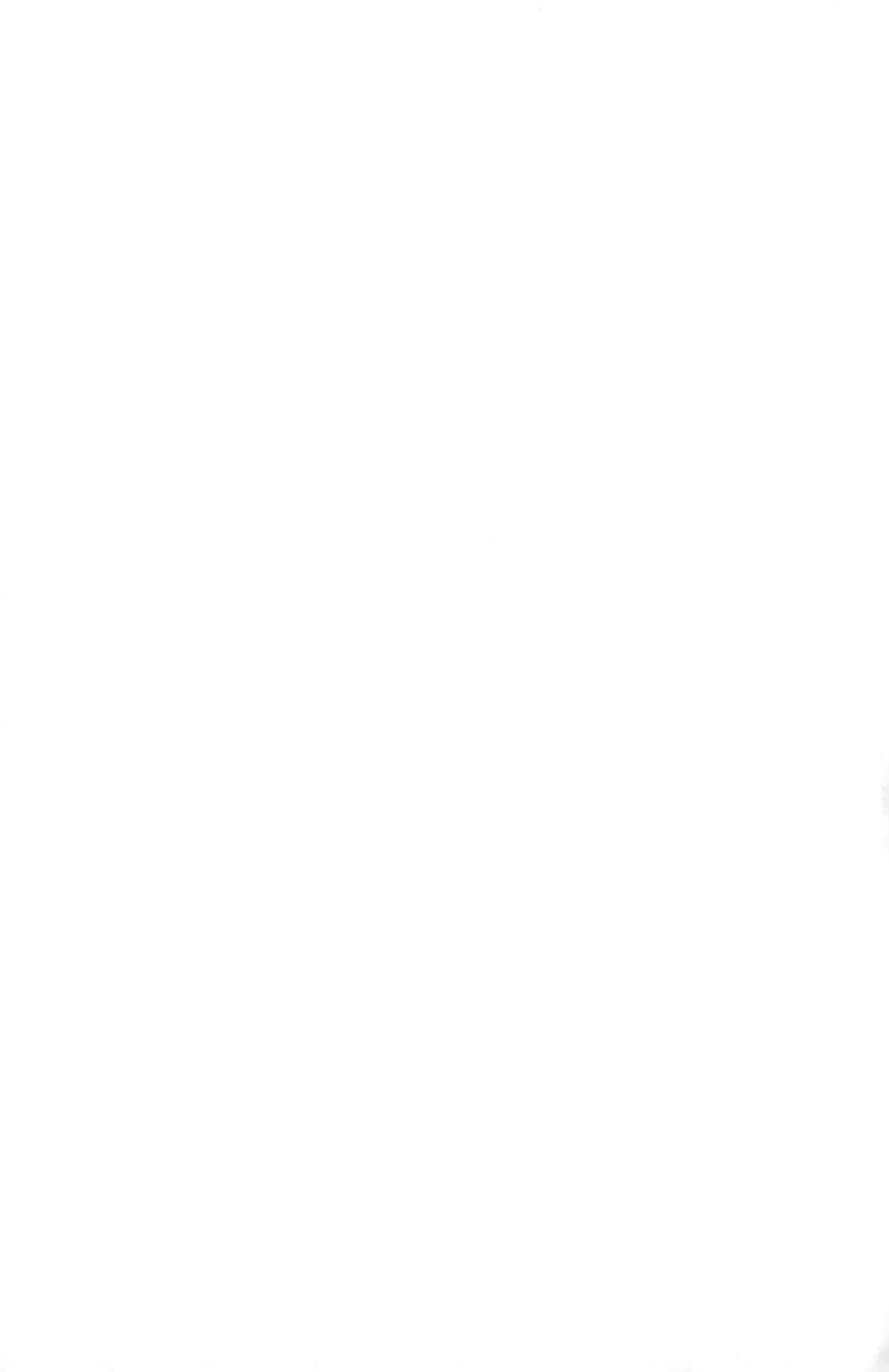

GPSR Compliance
The European Union's (EU) General Product Safety Regulation (GPSR) is a set
of rules that requires consumer products to be safe and our obligations to
ensure this.

If you have any concerns about our products, you can contact us on

ProductSafety@springernature.com

In case Publisher is established outside the EU, the EU authorized
representative is:

Springer Nature Customer Service Center GmbH
Europaplatz 3
69115 Heidelberg, Germany